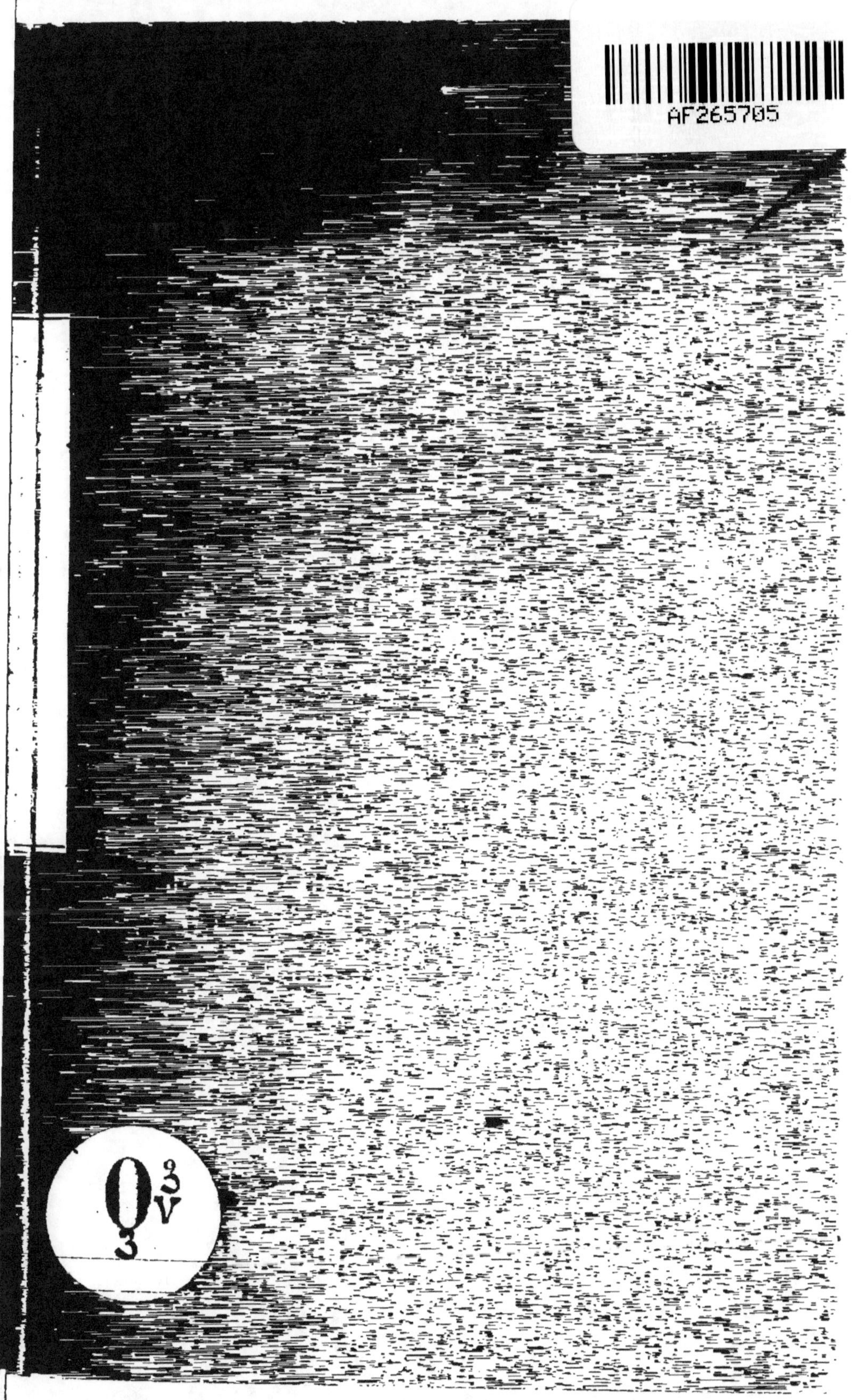

PARTICULARITÉS

DU VRAI

ALBINOS VIVANT

nommé ABIMÉLECH

âgé. de 44 ans

BAPTISÉ A VENISE EN 1840

avec le nom de DAVID MARTINOLI

ET

RELATIONS

de la découverte de la population

DES ALBINOS

faite par le célèbre capitaine SMITH

dans l'intérieur de l'Afrique

***

Prix : 20 Centimes

NICE

Société Typographique, Imprimerie A. Gilletta

Rue de la Préfecture, 9.

1868

NOTIONS
RELATIVES A L'ALBINOS VIVANT
âgé de 44 ans.

Description de l'Afrique, visitée et parcourue intérieurement par le célèbre capitaine SMITH.

—

L'Afrique est une péninsule de la longueur de 1,700 lieues, se resserrant en forme triangulaire, attachée à l'Asie par l'Isthme de Suez et entourée, au nord, par la Méditerranée, où de Suez au détroit de Gibraltrar, présente une côte de 1,000 lieues; à l'ouest, par l'Atlantique, sur laquelle la côte se replie de 260 lieues ; à l'est, par l'Océan Indien, sur lequel a 2,400 lieues sur le Golfe Arabique.

Sur la superficie de 929,000 lieues carrées, elle est séparée par des golfes et des fleuves, mais en petit nombre, puisque elle est bordée par des montagnes et des déserts sablonneux. Les principaux sont: Le Nil, qui descend à travers l'Egypte ; le Niger, dans la Sénégambie, le Quang, dans le Congo ; l'Orange, dans l'Afrique méridionale; le Zambèze, qui se jette dans le canal du Mozambique.

Par la même circonstance, les autres fleuves descendent, comme le Nil, par des écluses et croissent périodiquement. Le Zaïre a la profondeur de 30 mètres; le Sénégal, qu'inonde, repousse jusque les marées de l'Atlantique; la Gambie, dans la saison des pluies, est très-violente ; à très-grande distance on entend le bruit des cascades de la Couence.

L'Afrique doit avoir très-peu de lacs ; mais on découvrit dernièrement le grand de Tchad dans le Soudan. Les communications difficiles dans l'intérieur du pays, le rendent très-peu connu.

Des montagnes de l'Afrique on en connait que quelques unes du littoral. L'Atlas, qui est la digue méridionale de la Méditerranée, et parallèle aux Alpes, s'étend du Cap Bojador jusqu'à l'extrêmité de la régence de Tripoli et l'on croit que sa hauteur arrive à 4,000 mètres. *Les montagnes de l'Abyssinie* forment l'autre extrêmité de l'Afrique qui, peut-être, à l'occident se prolonge jusqu'aux *montagnes de la Lune*, si vraiment elles existent ; de là, vers le nord et à travers le Senaar, se dirigent les montagnes qui protègent le Nil, auxquelles semblent s'unir celles du *Soudan*, de la *Guinée*, du *Sénégal ;* d'autres montagnes dans le Congo, d'autres à l'extrêmité méridionale, nommées *Montagnes du Rama* ou de *Neuwelt*, et enfin les montagnes *Lupata*.

Le pic de Ténériffe est le plus élevé des volcans et atteint la hauteur de 3,713 mètres. L'île de l'Ascension est toute volcanique et tout à fait couverte de cendre et de roches calcinés. Celle de Ste-Hélène, également volcanique, jouit d'un doux climat d'une végétation admirable et est célèbre par la mort de l'empereur Napoléon.

L'immense désert du *Sahara* semble le fond desséché d'une mer; à son extrêmité occidentale commence une succession de solitudes sablonneuses qui s'étendent jusqu'à l'extremité orientale du Cobé. On prétend que son étendue est égale à la moitié de l'Europe, ou plutôt double de la Méditerranée, en lui donnant la superficie géographique de 72,000 milles carrés, y compris les oasis, et 50,000 sans eux ; la longueur de 450 et la largeur de 300 milles géographiques (mesures approximatives). Ce sont des amas de cailloux ou de sel répandus de coquillages étendus uniformément sur le sol, faisant place, de distance en distance, à des rochers nus, pour la plupart calcaires, et rarement de granit ou de basalte. Le vent fait continuellement mouvoir le sable de cette superficie en lui ôtant l'agrégation, condition principale de la vie organique. Dans la partie orientale se trouve un grand nombre d'oasis, dont ceux de la Nubie sont appelés jardins du tropique. L'oasis de Syouah, où l'on découvrit les ruines de Jupiter-Ammone, visitées par Alexandre, est riche de dattes et large de 4,000 mètres. Jamais il n'y pleut, les nuages étant de suite défaits par des colonnes d'air brûlant.

L'équateur divise l'Afrique en deux parties inégales ; sàns que le climat y soit si ardent comme donnerait à croire une telle position, attendu que les diverses hauteurs et les pluies diluviennes grossissent périodiquement les fleuves interthropiques. La plus grande chaleur se fait sentir dans le Sahara et dans les plaines qui confinent, où elle s'élève jusqu'à 45°.

4

La vallée du Nil est infestée par de cruelles maladies en temps d'inondations. Le ciel du Maroc, par contre, est très-délicieux et salubre. Salvador au Congo est encore une situation des plus salutaires, tandis que les forêts et les marais du Meazaga, insurmontable frontière de l'Abyssinie, et la côte occidentale de la Guinée, sont des plus insalubres. Dans les hautes plaines la température est souvent froide. A Murzouch le thermomètre dépasse jusque de 40 degrés Réaumur. La température des îles Azzor est maintenue très douce par les vents froids de la mer, tandis qu'aux Canaries elle est quelque fois suffocante par les vents du désert.

La chaleur du Sahara détermine des forts courants d'air de la mer, de sorte que, entre le cap Bojador et le débouché du Sénégal c'est le vent occidental qui domine au lieu de l'est. Le climat très-salubre de l'île Bourbon est fréquemment agité par des ouragans. Sur les montagnes de l'Afrique australe la neige dure bonne moitié de l'année et dans l'Atlantique comme dans les Canaries se trouvent des hauteurs de 4,000 mètres de neige éternelle. La température du cap de Bonne-Espérance est très-douce, mais il y règne la sécheresse et les inondations.

L'Egypte semble un jardin en hiver, mais en été la grande chaleur le rend tout aride. L'Abyssinie, à cause de son élévation, a une chaleur modérée, mais elle est infestée par des marais. Dans les déserts, la chaleur arrive jusqu'à 44° Réaum. Les vents les plus dangereux sont : le *Simoum* du désert ; le *Kamsin* de l'*Egypte*, le *Samiel* d'Acalie, l'*Hermaton* du Bénin, le *Tornados* de la Guinée. Pendant neuf mois le vent souffle du nord au nord-ouest et les amas de sable qui s'avancent de 3 à 4 mètres chaque année, ne laissent dans le désert que des cailloux et des éclats de bois, tandis que fontaines, villages, palais, pyramides, etc., tout reste enseveli.

L'Abyssinie a la mer Rouge et le détroit de Bab-el-Mandeb à l'Orient, et elle s'étend vers la Nigritie à l'occident, et vers la Cafrérie au sud. Elle est occupée par plusieurs tribus qui dépendent du Grand Négusé et par d'autres de chefs particuliers, comme le règne de *Tigré*, le long de la mer Rouge, le règne de *Sciengala* à l'occident; celui de *Gojam* au sud, celui de Adel-da-Bab-el-Mandeb au cap Guardarfui, extrémité orientale de l'Afrique; celui de *Magadoz* sur la côte d'Ajan, et ceux de *Machida* et d'*Alaba* (d'où l'on a peut-être tiré la dénomination d'*Albinos*) dans l'intérieur, vers l'Orient.

Au-delà du grand désert on rencontre le pays des Nègres, nommé *Négritie* ou *Soudan*, très-peu connu dans l'intérieur, mais ayant ses côtes peuplées par des colonies européennes. Existent ou existèrent divers royaumes du *Sénégal*, *Tombouctu*, *Gabun*, *Agades*, *Cana*, *Zanfara*, *Vangara*, *Borna*, *Goaga*, vers le nord; au midi, ceux de *Mandinga*, *Gongo*, *Caffuba*, *Yaourri*, *Coronea*, *Goran*. Le règne de *Foule* se trouvait dans la Guinée.

Dans la haute Guinée, au sud de la Négritie, se

trouvent les pays nommés : de *Malaguette*, des *Dents*, de l'*Or*, et d'autres royaumes dans l'intérieur, comme le *Bénin*, etc.

Dans la basse Guinée, six principaux royaumes, c'est-à-dire : vers la mer, *Loango*, *Congo*, *Angola*, *Benguela* : dans l'intérieur, *Macoco* et *Matamba*.

L'Afrique, bien qu'elle soit un des plus anciens pays mentionnés dans les histoires, est encore très-peu connue aujourd'hui ; sa superficie de uu million sept-cent cinquante mille lieues carrées étant très-peu entrecoupée par des fleuves, ce qui en rend l'abordage difficile ; puis encore par son invincible stérilité, par ses bêtes féroces, et par ses reptiles et insectes vénéneux, en nombre si considérable qu'on peut encore, aujourd'hui, répéter cet ancien proverbe : « L'Afrique tous les jours produit un nouveau monstre » et enfin, par la fierté de l'homme qui n'est pas inférieure à celle des bêtes.

Le Sahara, immense désert, sablonneux et salin, depuis la vallée du Nil jusqu'à l'Océan Atlantique, a l'étendue de mille deux-cent lieues d'orient en occident et la moitié du nord au midi ; trace stérile, qui sépare l'Afrique atlantique, déjà initiée à la civilisation européenne, par l'équateur de l'Or des Nègres et de l'esclavage. En Afrique — retient Ritter, dans sa géographie général comparée — il n'y a ni les magnifiques merveilles du matin et du soir, ni la lutte et l'alterne triomphe des diverses saisons du printemps à l'hiver, ni le contraste du monter et du descendre du passé à l'avenir.

RELATION

*de la découverte de la population des Albinos
par le capitaine SMITH, due simplement au hasard.*

—

Dans la troisième année de ses recherches, le capitaine Smith, après avoir surpassé des difficultés infinies, traversé des affreux déserts, souffert la faim, la soif et des privations en tout genre, perdu, victimes des maladies, la moitié des hommes de sa caravane qui étaient au nombre de 1,500 lors de son départ du cap de Bonne-Espérance, traversa le royaume de Balied-Ancali, l'Abyssinie dont les Gallas (peuple confinant) s'en sont rendus maîtres ; remonta le fleuve Kawash qui traverse le royaume, fut arrêté et empêché dans sa marche par des vieux arbres tombés qui embarrassaient le passage, en avaient écarté et divisé le cours en plusieurs ruisseaux qui coulaient et arrosaient le pays en grande distance ; ce qui, joint à la grande chaleur du climat, produisait une plus vigoureuse végétation. Il dut employer trois jours pour s'ouvrir un passage pour ces lieux sauvages. La caravane, oppressée par tant de fatigues, s'introduisit dans la forêt pour y chercher la fraîcheur et pour se procurer des vivres au moyen de la chasse. On plaça les sentinelles, et l'on prit le repos qui leur était nécessaire. Vers les onze heures de la nuit ils furent éveillés par des hurlements épouvantables, qui n'étaient rien moins que les cris des lions, des tigres, des chacals, dos léopards, des hyènes, des panthères, des éléphants et grand nombre d'autres bêtes féroces, dont on n'a pu en connaître l'espèce. Les sentinelles ayant négligé leur surveillance, laissèrent dévorer un chameau et un cheval de la caravane, qui en pâturant s'étaient trop éloignés. Les bêtes féroces, alléchées par cette proie, attaquèrent la caravane avec une telle rage que les décharges des armes à feu ne purent leur empêcher de dévorer dix hommes ; la caravane forma alors le carré, au milieu duquel furent placés les animaux qui portaient les bagages. Le capitaine SMITH, par sa présence d'esprit se sauva du plus grand des périls dans lesquels il se trouva durant les trois années de son voyage. Il fit amonceler du bois bien sec dans les divers points d'attaque des bêtes et y fit mettre le feu : les bêtes féroces, épouvantées, se débandèrent et se dispersèrent.

Après huit jours, ils arrivèrent à Ansico, situé sous la ligne du Tropique Les peuples de cette contrée sont vigoureux, intrépides et barbares jusqu'au point de se nourir de chair humaine. Ils adorent le soleil, la lune et une infinité d'idoles. Leur roi s'appelle le grand Massacho : il est considéré comme le plus grand monarque de l'Afrique et son palais n'a pas seulement la valeur d'une des plus pauvres cabannes de nos pasteurs.

La caravane dut sa conservation à la supériorité de ses armes à feu jusqu'alors inconnues par la majeure partie de ces peuples. Il faudrait un volume pour décrire les divers combats qu'il eut à soutenir avec les naturels du pays.

Le capitaine SMITH, visita Brava, ville de l'Abyssinie, capitale du royaume de Bernaga, près la source du fleuve Mareb. Le prince nègre qui y règne l'accueillit agréablement et lui accorda huit jours pour rafraîchir sa troupe. Passé ce terme, il partit de Brava et traversa le Kantou, pays qui a cent lieues de longitude à l'est de Kossovili et dont Kammon en est la capitale. En remontant le fleuve Niger, il arriva à Cappa, ville de l'intérieur de l'Afrique, à quatre lieues au nord de Sego, dont le terrain en est assez bien cultivé ; l'on y trouve en abondance l'arbre Shea, du fruit duquel on tire le beurre végétal. En partant de Cappa, il remonta le Niger jusqu'à ses sources, dans les montagnes de l'Abyssinie Il pénétra dans un pays très-fertile et jusqu'alors inconnu, ayant les montagnes de l'Abyssinie à gauche, la Nubie à droite, les montagnes dites de la Lune, en face, et derrière ces dernières, et à la distance de cinq cent lieues, le Cap de Bonne-Espérance. Il campa dans une plaine située entre deux petites montagnes. Dans la nuit, au clair de la lune, il fut assailli par 1,500 à 1,800 sauvages, entièrement nus, portant un carquois sur les épaules et un arc à la main. Ils marchaient en désordre et avaient avec eux leurs femmes et leurs enfants. Ces sauvages ne venaient pas pour attaquer, ils allaient à la chasse, selon leur usage, pour se procurer des vivres. C'étaient des Albinos, dont l'existence était alors encore inconnûe. Les sentinelles firent feu et en moins de dix minutes ils disparurent sans savoir comment, ne voyant ni arbres ni maisons qui pussent les cacher. Le capitaine crut un moment d'être retourné au temps des fées. D'après le rapport des sentinelles, on a pu observer, au clair de la lune, que les femmes portaient des peaux de tigres, de la ceinture jusqu'à la moitié des jambes. Le lendemain, en faisant des recherches on découvrit une quantité de trous par terre de la largeur d'un corps-humain par lesquels avec une légère pente, l'on pouvait descendre à la profondeur d'environ 11 mètres sous terre.

Le capitaine Smith se trouvant dans une position critique, et de ses 1,500 hommes qu'il avait ne lui en restant plus que 90, ne voulut rien entreprendre contre ces sauvages dont le nombre et la force lui étaient inconnus. Il décida donc de s'arrêter sur l'endroit même où ces trous avaient été découverts.

La nuit suivante, comme la précédente, les sauvages sortirent de leurs tanières. Le capitaine défendit aux siens de faire feu et prit avec lui un originaire d'Ansico qui le suivait depuis sept mois et qui avait quelques connaissances du langage des Albinos. Il se présenta à eux avec un drapeau blanc, en signe de paix ; ceux-ci présentèrent le capitaine et son guide à leur chef, qui, quoique vieux, montrait un aspect intrépide et guerrier ; il était suivi

par trois autres sauvages de distinction qui étaient
ses trois fils. Cette singulière entrevue eut lieu à
minuit.

Voilà ce que raconta l'interprète du capitaine
traduit en mauvais anglais : Il a dit que ces peuples,
se trouvant sous la zone torride, abitent sous terre
à la profondeur de quinze à vingt brasses, pour se
garantir des grandes chaleurs du climat. Ils ne sor-
tent que la nuit, époque où leur vue est claire ; ils
vivent en état naturel et se nourissent de fruits et
des produits de la chasse ou de la pêche ; ils sont
très-habiles pour tendre des pièges aux lions, aux
tigres, aux panthères, aux léopards, aux hyènes et
autres bêtes inconnues en Europe ; ils n'ont point
de roi, mais un simple chef, qui est le plus ancien ;
ils adorent la Lune quand elle est pleine.

Ils sont entourés par diverses générations antro-
pophages qui vont avec ardeur à la chasse des Albinos comme nous allons à la chasse des lièvres et
des perdrix. Le capitaine qui désirait prendre quel-
ques-uns des Albinos demeura avec eux pendant
trois jours. Cette génération compte environ 400,000
âmes. Ces peuples n'ont aucune mémoire de leurs
aïeuls, mais après bien de recherches on est arrivé à
présumer qu'ils n'ont pas toujours demeuré sauvages et que leur civilisation doit dater des temps
de la chûte de Carthage. Leur physionomie est sem-
blable à celle des Européens et ils ont très-peu de
ressemblance avec les autres populations africaines.

On dit que le nombre de cette intéressante race d'hommes diminue journellement à cause des guerres cruelles qui leur sont faites par les sauvages qui les entourent. Quand les Européens occupèrent les côtes d'Afrique, les sauvages se réfugièrent dans l'intérieur du pays et tombèrent sur les malheureux Albinos et en firent souvent d'horribles carnages.

Le capitaine Smith abandonna avec regret la contrée où il avait trouvé, parmi les Albinos, des bons sauvages. Leurs habitations souterraines sont assez bien construites et communiquent entr'eux, de famille en famille, de sorte qu'au premier signal deux cents peuvent sortir de dessous terre, en cinq minutes et tous armés.

Le capitaine emporta avec lui trois enfants de cette génération et les emmena en Angleterre: deux demeurèrent à Londres et le troisième traversa la France et se transporta dans le port de Venise en 1834.

Le pays des Albinos est situé à 75 lieues au sud de Tombouctou, à peu de distance du Niger, dans les environs de Reber Caudan, entre 22 et 23 degrés de longitude et 21 et 29 degrés de latitude.

Particularités de l'Albinos.

Il est âgé de 44 ans, ses cheveux sont très-blancs, tombant en boucles et flottant sur les épaules ; son œil est rouge, carré et très-mobile, tournant en guise d'un tournesol et voyant très-clair pendant la nuit. Il ne faut pas confondre cet Albinos avec ceux décrits par le naturaliste Buffon, qui dit que les Albinos sont nés de parents nègres et blancs, qu'ils ont les cheveux frisés, les traits étiopiques, d'un affreux teint pâle, et privés d'intelligence.

Celui dont nous faisons le portrait est, au contraire, doué d'une grande intelligence et est l'objet d'admiration, comme l'attestent les principaux personnages des villes capitales d'Europe.

SECRET
POUR GUÉRIR LES CORS

éprouvé par le vendeur du présent :

Mouiller le Cor avec de l'eau forte.

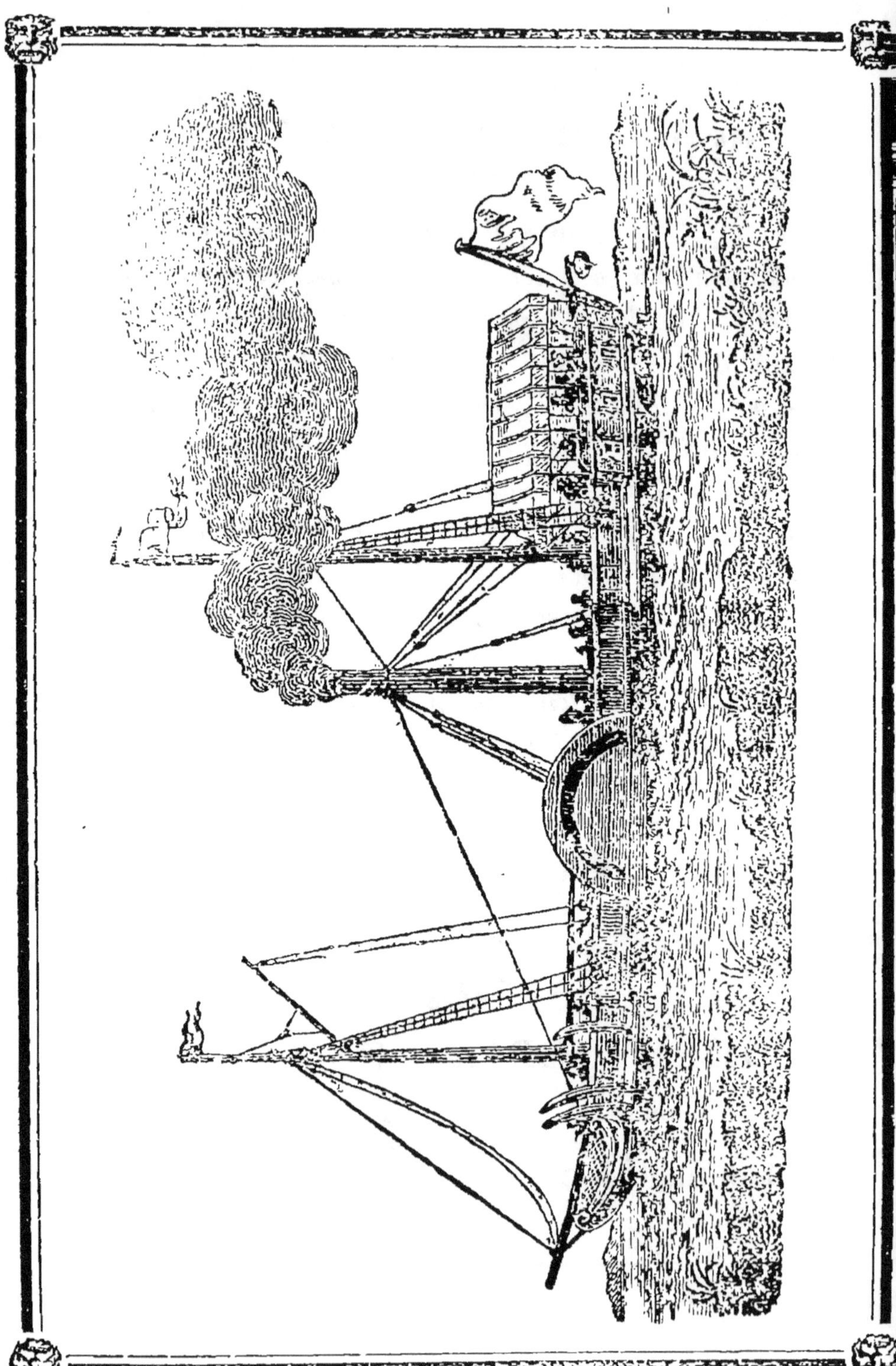

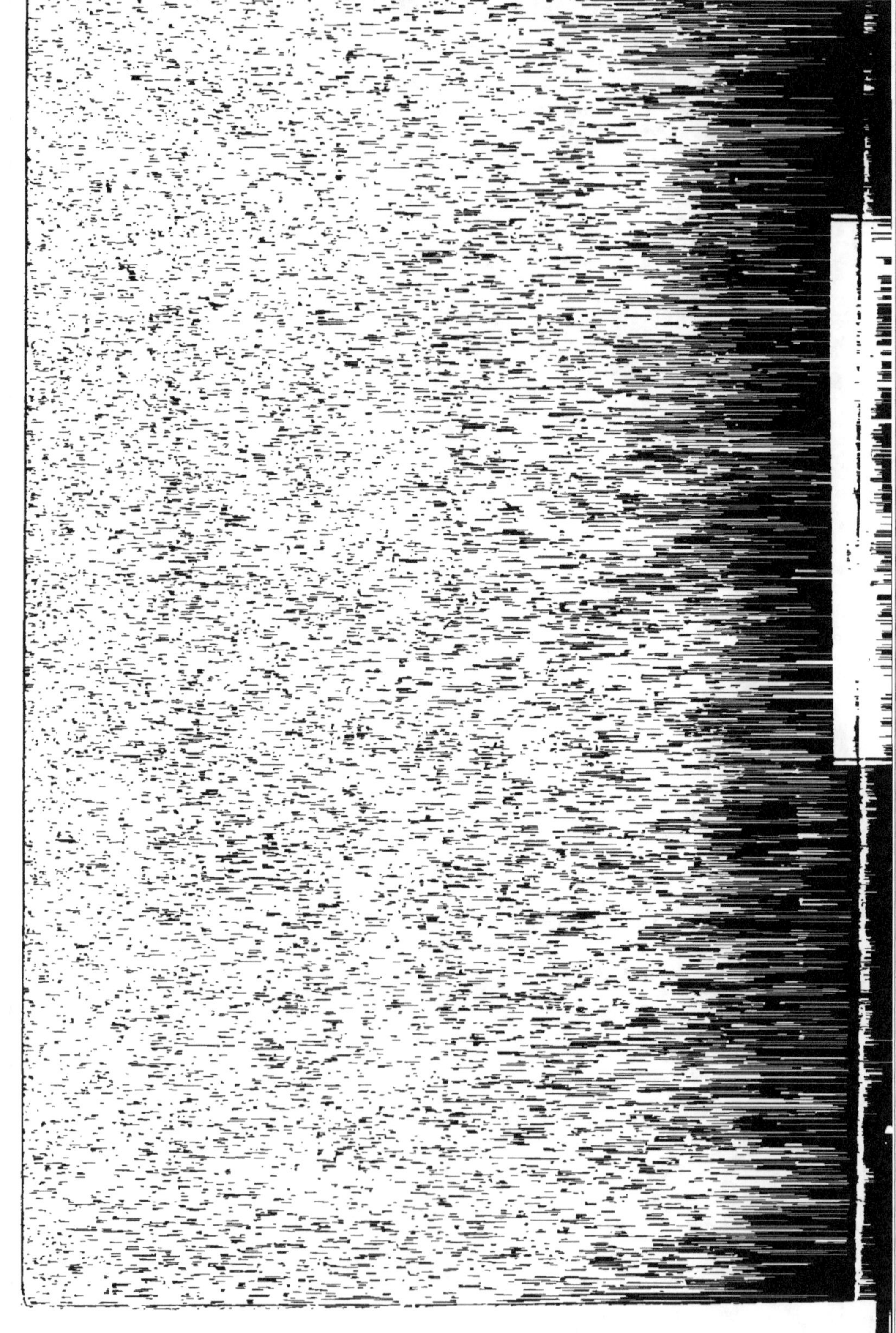